Wilhelm Torkel

KURS-BUCH *Rhythmus*

Inhaltsverzeichnis

Vorwort 2
Einleitung 3
1.Phase: Zählen und klatschen 5
2.Phase: Zählen und klatschen in verschiedenen Gruppen 6
3.Phase: Bewegen und zählen 8
4.Phase: Bewegen, zählen und klatschen 9
5.Phase: Einführung in die Notation – Notenwerte 10
6.Phase: Umsetzung von Rhythmusnoten 12
7.Phase: Einführung in die Notation – Notennamen 18
8.Phase: Anwendung der gelernten Noten und Rhythmen 24
Spielstück „ Go On Nr.1 „ 25
Spielstück „ Go On Nr.2 „ 27
Spielstück „ Go On Nr.3 „ 29
Spielstück „ Go On Nr.4 „ 30
9.Phase: Einbeziehen der Achtelnoten 32
10.Phase: Anwendung der gelernten Noten und Rhythmen (Achtelwerte) 37
Spielstück „ Let's Go Nr.1 „ 38
Spielstück „ Let's Go Nr.2 „ 41
Spielstück „ Let's Go Nr.3 „ 44

Rhythmuserziehung im 5. und 6. Jahrgang

eres edition 2556

Vorwort

Nach einigen Jahren Tätigkeit an einer Gesamtschule in Bremen wechselte ich zur neugegründeten IGS in Osterholz-Scharmbeck. Ich verließ einen Bereich, den ich mir in jahrelanger Arbeit aufgebaut hatte. Alles war rund: Ich hatte einen recht guten Chor und ein gutes Schulorchester (beide Gruppen mit SchülerInnen aus den Jahrgängen 5-10) mit Trompete, Saxophon, E-Baß, Querflöten, Geigen, Drumset usw. usw. Ich fuhr mehrmals mit den SchülerInnen über eine Woche in ein Schullandheim. Dort bereiteten wir Konzerte und Aufführungen vor. Als große Veranstaltungen sind mir noch die Aufführungen mit SchülerInnen aus dem Theaterbereich (Musical: „Charlie und die Traumfabrik" und „Die sechziger Jahre") in guter Erinnerung.

Dennoch reizte mich ein neues Aufgabengebiet an einer anderen Schule mit anderen Kollegen und SchülerInnen. Hier kamen SchülerInnen zu mir in den Unterricht, mit denen ich vollkommen von vorne anfangen mußte. Von Musikpraxis hatten diese SchülerInnen bisher so gut wie nichts mitbekommen. Vor allen aber stellte ich erhebliche Mängel im rhythmischen Bereich fest. Dennoch aber wollten diese SchülerInnen eine rhythmisch betonte Musik spielen. Zwangsläufig wurde ich gefordert, eine Methode zu entwickeln, die SchülerInnen in die Lage versetzt, das tun zu können, was sie möchten. Hieraus entwickelte sich dieser Ansatz. Er ist beschränkt auf die Jahrgänge 5 und 6. Wem dies für den musiktheoretischen Teil zuwenig erscheint, dem möchte ich hier entgegenhalten, daß

1. *es mir darauf ankommt, daß die SchülerInnen mit dem, was sie lernen, auch umgehen können,*

2. *die besondere Struktur unserer Schule die Musik in übergeordnete Zusammenhänge, auch auf Kosten musiktheoretischer Anteile, einbindet,*

3. *tanzen, singen, spielen und hören über das hier Geschilderte hinausgeht, also auch viele andere Anteile im Unterricht eine Rolle spielen,*

4. *das vorliegende Heft sich nur auf einen Teil des Musikunterrichts beschränkt.*

Spannend war es für mich zu sehen, ob der Ansatz Erfolg zeigen würde. Für mich muß ich an dieser Stelle sagen, daß sich der Einsatz gelohnt hat. Die SchülerInnen haben über diesen Ansatz ein besseres Selbstbewußtsein erlangt, sie gehen motivierter an neu zu spielende Stücke heran und zeigen ein dem Musikunterricht angemessenes Verhalten.

Ich hoffe, daß sich dieser Erfolg bei all denjenigen, die dieses Heft verwenden, einstellt.

Bremen, im Oktober 1995 Wilhelm Torkel

Einleitung

Dieses Heft ist als Kurs gedacht. Dieser Kurs kann so, wie hier beschrieben, in die Praxis umgesetzt werden. Er hat ganz bewußt rezeptartigen Charakter. Mir ist durchaus klar, daß die Vermittlung von Rezepten zu vielen Diskussionen Anlaß gibt. Ich weiß auch, daß viele Kollegen mit Recht sagen, jede Unterrichtssituation sei anders und deshalb könne man nicht eine Stunde auf die andere übertragen. Auch richtig! Aber es ist mit Sicherheit auch richtig, daß jede Klasse aus unterschiedlichen Schülern besteht, daß zwischen diesen Schülern Spannnungen und Sympathien bestehen, daß ein Lehrer Unterrichtsprozesse einleitet, daß Kommunikation zwischen Schülerinnen, Schülern und Lehrern besteht und, und, und... Es ist ebenso richtig, daß sich jede Lerngruppe aus Schülerinnen und Schülern zusammensetzt, die leichter, und aus solchen, die schwerer lernen. Neben unzähligen Unterrichtsvariablen, die kaum Rezepte vertragen, gibt es eben auch Unterrichtskonstanten, auf die man Unterrichtsprozesse beziehen kann, die durchaus rezeptartigen Charakter haben dürfen. Hier haben wir es mit einer Anhäufung von Rezepten zu tun. Wer allerdings meint, er müsse all das hier Geschilderte genau so umsetzen wie beschrieben, vergißt, daß selten ein Rezept genau so angewandt wird, wie man es liest. Da wird z.B. eine Zutat durch eine andere ersetzt oder die Mengen werden je nach Geschmack verändert. Genauso soll auch mit den Anregungen hier umgegangen werden.

Ich beginne den Kurs mit dem Zählen von 1, 2, 3, 4. Auch hierbei gibt es viele Argumente dagegen, z.B.: man müsse ein Timing fühlen, beim Zählen habe man keine Körperlichkeit mehr, es wäre „Kopfmusik", das Zählen lenkt vom „groove" ab, usw., usw.

Meine Erfahrung ist aber eine völlig andere: durch das Zählen erhalten die SchülerInnen eine, wenn auch verbale, Sicherheit. Sie lernen schnell mit dem Zählen zu einem zufriedenstellenden Ergebnis zu kommen, können schnell Rhythmen z.B. vom Körperklang auf Instrumente übertragen und fangen früh an, sehr einfache Noten „vom Blatt" zu spielen. Die Entwicklung dieser Fähigkeit macht die Schülerinnen und Schüler selbstsicher und damit stabil. Wer ein entsprechendes Maß an Selbstsicherheit gewonnen hat, hat erstens eine höhere Toleranzschwelle (kann also leichte Mißerfolge besser wegstecken) und zweitens eine größere Lernmotivation. Es entfällt im weiteren Unterricht ein oftmals quälender Prozeß, bis eine rhythmisch-melodische Figur steht. Dadurch verringern sich auch Disziplinprobleme. Ist man beim Zählen und bei der rhythmischen Umsetzung stabil, kann man langsam auf das Zählen verzichten und kommt zum „timing", „groove" und zu einer Koordination verschiedener Bewegungen. Zum Schluß dieser Einleitung noch einmal ganz deutlich: es ist nicht das Ziel „vom Blatt" spielen zu lernen, angestrebt wird u.a.:

- rhythmisch sicher zu werden,

- über das Zählen Rhythmen lesen zu können,

- seinen Rhythmus im Rhythmusgeflecht sicher spielen zu können,

- den eigenen Rhythmus spielen und gleichzeitig andere bewußt wahrzunehmen,

- zu merken, daß man das, was man lernt, in seinem eigenen Sinne gebrauchen kann.

Handlungsorientierter Musikunterricht hat auch etwas mit Können zu tun. Bevor man etwas kann, das gilt besonders für die Musik, muß es vielfach geübt werden. Ohne Übung läßt sich keine Kompetenz erarbeiten, die für den handlungsorientierten Unterricht, der nicht mit musischem Musizieren verwechselt werden darf, notwendig ist. Was sagt doch noch B.B. King: ***„Üben, üben, was das Zeug hält. Feeling ist nichts ohne technisches Können, Technik ist nichts ohne feeling."***

Und zum Schluß sei ein gut gemeinter Rat erlaubt:

Auch wenn`s mal nicht so schnell klappt, immer locker bleiben!

Die Schülerinnen und Schüler sitzen mit mir im Kreis. Ich erkläre, was ich mit ihnen machen will und was sie lernen sollen. Hierbei ist es wichtig die Aufmerksamkeit aller zu besitzen, notfalls entsprechend zu korrigieren. Den SchülerInnen soll bewußt werden, daß dieser Musikunterricht

- ***ein hohes Maß an Disziplin erfordert, weil Musik an das Hören gebunden ist und alle akustischen Zusatzreize ein musikalisches Aufnehmen stören,***

- ***auf gegenseitiges Hören angewiesen ist (dies erfordert ein Höchstmaß an Disziplin und Konzentration),***

- ***bedeutet, viel zu üben bis etwas gespielt werden kann,***

- ***Spaß macht, weil man etwas gelernt hat, was man richtig spielen kann,***

- ***etwas fordert, was übertragbar ist (z.B. auf andere Musikstücke und -stile),***

- ***die Ergebnisse aufzeichnet, so daß man sie zu Hause vorspielen kann und***

- ***auf Gemeinsamkeit angewiesen ist.***

Ich halte dieses Gespräch für unabdingbar, weil den Schülern erläutert werden muß, warum sie etwas lernen sollen. Hierdurch treten viele Unsicherheitsfaktoren gar nicht erst auf.

Und nun geht`s los:

2. Phase:

Zählen und klatschen in verschiedenen Gruppen

Hier werden ein paar Beispiele gegeben, wie dieser Schritt zu verstehen ist. Danach kann man sich viele verschiedene Kombinationsmöglichkeiten mit den Schülerinnen und Schülern gemeinsam überlegen und umsetzen. Die SchülerInnen können hier auch selbsttätig arbeiten, d.h.: sie denken sich eigene Betonungen **(nur eintaktig!)** aus und versuchen diese gemeinsam zu spielen.

Gruppe 1: 1, 2, 3, 4, 1, 2, 3, 4, 1, 2, 3, 4, 1, 2, 3, 4

Gruppe 2: 1, 2, 3, 4, 1, 2, 3, 4, 1, 2, 3, 4, 1, 2, 3, 4

Gruppe 1: 1, 2, 3, 4, 1, 2, 3, 4, 1, 2, 3, 4, 1, 2, 3, 4

Gruppe 2: 1, 2, 3, 4, 1, 2, 3, 4, 1, 2, 3, 4, 1, 2, 3, 4

Gruppe 1: 1, 2, 3, 4, 1, 2, 3, 4, 1, 2, 3, 4, 1, 2, 3, 4

Gruppe 2: 1, 2, 3, 4, 1, 2, 3, 4, 1, 2, 3, 4, 1, 2, 3, 4

Gruppe 1: 1, 2 3, 4, 1, 2, 3, 4, 1, 2, 3, 4, 1, 2, 3, 4

Gruppe 2: 1, 2, 3, 4, 1, 2, 3, 4, 1, 2, 3, 4, 1, 2, 3, 4

Gruppe 1: 1, 2, 3, 4, 1, 2, 3, 4, 1, 2, 3, 4, 1, 2, 3, 4

Gruppe 2: 1, 2, 3, 4, 1, 2, 3, 4, 1, 2, 3, 4, 1, 2, 3, 4

Gruppe 1: 1, 2, 3, 4, 1, 2, 3, 4, 1, 2, 3, 4, 1, 2, 3, 4

Gruppe 2: 1, 2, 3, 4, 1, 2, 3, 4, 1, 2, 3, 4, 1, 2, 3, 4

Gruppe 3: 1, 2, 3, 4, 1, 2, 3, 4, 1, 2, 3, 4, 1, 2, 3, 4

Diese Übungen lassen sich nun auf Instrumente übertragen. Die Rhythmen bekommen dadurch eine andere Qualität. **Erst wenn man die Übungen beherrscht, sollen sie auf die Instrumente übertragen werden.**

Gruppe 1:	1, 2, 3, 4,	1, 2, 3, 4,	1, 2, 3, 4,	1, 2, 3, 4	Congas
Gruppe 2:	1, 2, 3, 4,	1, 2, 3, 4,	1, 2, 3, 4,	1, 2, 3, 4	Bongos
Gruppe 3:	1, 2, 3, 4,	1, 2, 3, 4,	1, 2, 3, 4,	1, 2, 3, 4	Schellenring

SI: 1, 2, 3, 4, 5, 6, 7, 8, 9 Gruppe 1: (Congas)
SI: 1, 2, 3, 4, 5, 6, 7, 8, 9 Gruppe 2: (Bongos)
SI: 1, 2, 3, 4, 5, 6, 7, 8, 9 Gruppe 3: (Schellenring)

Erst spielen alle **SI 1**, dann alle **SI 2**, dann alle **SI 3** gleichzeitig jeweils mindestens 8 Takte, dann wird entsprechend gewechselt. Alle anderen klatschen in ihrer Gruppe die Betonungen mit.

Will man noch bei diesem Betonungsmuster bleiben, werden die Instrumente und damit auch die Betonungsmuster getauscht. Ein zweites Beispiel soll noch auf die Vielfalt der Möglichkeiten hinweisen, die später gruppenindividuell variiert werden können. Die Variationsmöglichkeiten beziehen sich sowohl auf verschiedene Betonungsmuster wie auch auf den Einsatz verschiedenen Rythmusinstrumente.

Gruppe 1:	1, 2, 3, 4,	1, 2, 3, 4,	1, 2, 3, 4,	1, 2, 3, 4	Congas
Gruppe 2:	1, 2, 3, 4,	1, 2, 3, 4,	1, 2, 3, 4,	1, 2, 3, 4	Bongos
Gruppe 3:	1, 2, 3, 4,	1, 2, 3, 4,	1, 2, 3, 4,	1, 2, 3, 4	Schellenring

SI: 1, 2, 3, 4, 5, 6, 7, 8, 9 Gruppe 1: (Congas) Hi Hat
SI: 1, 2, 3, 4, 5, 6, 7, 8, 9 Gruppe 2: (Bongos) Snare drum
SI: 1, 2, 3, 4, 5, 6, 7, 8, 9 Gruppe 3: (Schellenring) Claves

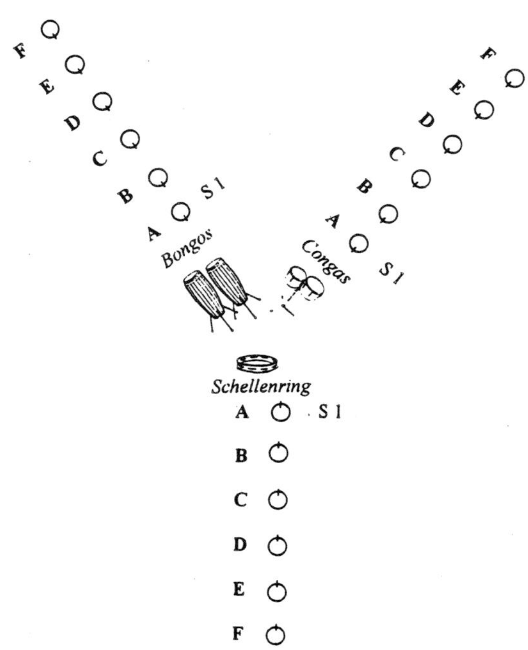

Erst alle **A**
Dann alle **B**
dann alle **C** usw.

1. Phase:

Zählen und klatschen (verschieden betonen.)

Wir sitzen im Kreis.

L: *(Lehrkraft)* zählt laut und gleichmäßig 1, 2, 3, 4 (alleine vorzählen)
SI: *(Schülerinnen und Schüler)* wiederholen mit der **L** gemeinsam.

L: 1, 2, 3, 4, 1, 2, 3, 4, 1, 2, 3, 4, 1, 2, 3, 4 (Betonung auf 1) ***laut*** mitzählen!
SI: wiederholen mit **L** gemeinsam. ***laut*** mitzählen!

L: 1, 2, 3, 4, 1, 2, 3, 4, 1, 2, 3, 4, 1, 2, 3, 4 (Betonung auf 3) ***laut*** mitzählen!
SI: wiederholen mit **L** gemeinsam. ***laut*** mitzählen!

L: 1, 2, 3, 4, 1, 2, 3, 4, 1, 2, 3, 4, 1, 2, 3, 4 (Betonung auf 2) ***laut*** mitzählen!
SI: wiederholen mit **L** gemeinsam. ***laut*** mitzählen!

L: 1, 2, 3, 4, 1, 2, 3, 4, 1, 2, 3, 4, 1, 2, 3, 4 (Betonung auf 4) ***laut*** mitzählen!
SI: wiederholen mit **L** gemeinsam ***laut*** mitzählen!

Die ersten vier Übungen wiederholen, jedoch klatschen die Schüler nicht mehr mit der L. gemeinsam. Die L zählt aber noch laut mit. Es fällt Schülern schwer laut mitzuzählen und deshalb gibt die L. die Unterstützung. In einem zweiten Wiederholungsgang zählt die Lehrkraft nicht mehr mit, achtet aber darauf, daß alle Schüler laut mitzählen.

L: 1, 2, 3, 4, 1, 2, 3, 4, 1, 2, 3, 4, 1, 2, 3, 4 (Betonung auf 1 u. 3) ***laut*** mitzählen!
SI: wiederholen mit **L** gemeinsam. ***laut*** mitzählen!

L: 1, 2, 3, 4, 1, 2, 3, 4, 1, 2, 3, 4, 1, 2, 3, 4 (Betonung auf 2 u. 4) ***laut*** mitzählen!
SI: wiederholen mit **L** gemeinsam. ***laut*** mitzählen!

L: 1, 2, 3, 4, 1, 2, 3, 4, 1, 2, 3, 4, 1, 2, 3, 4 (Betonung auf 1 u. 2) ***laut*** mitzählen!
SI: wiederholen mit **L** gemeinsam. ***laut*** mitzählen!

L: 1, 2, 3, 4, 1, 2, 3, 4, 1, 2, 3, 4, 1, 2, 3, 4 (Betonung auf 1 u. 4) ***laut*** mitzählen!
SI: wiederholen mit **L** gemeinsam. **laut** mitzählen!

Bei einer zusätzlichen Wiederholung der Zweifachbetonungen klatscht die L. nicht mehr mit. Dieses Spiel, vormachen - nachmachen, kann jetzt auf ausschließlich SchülerInnenebene weitergeführt werden. D.h. ein/e SchülerIn zählt laut und klatscht mit entsprechenden Betonungen vor und die anderen SchülerInnen klatschen das gleiche nach. ***Hierbei ist es wichtig immer 4-taktig zu bleiben***. Dadurch stabilisiert sich über das Hören die vorgegebene Figur.

Auch wenn es im folgenden nicht mehr geschrieben steht: es soll immer laut mitgezählt werden.

L: 1, 2, 3, 4, 1, 2, 3, 4, 1, 2, 3, 4, 1, 2, 3, 4 (Betonung auf 1, 2, 3)
SI: wiederholen mit **L** gemeinsam.

L: 1, 2, 3, 4, 1, 2, 3, 4, 1, 2, 3, 4, 1, 2, 3, 4 (Betonung auf 2, 3 u. 4)
SI: wiederholen mit **L** gemeinsam.

L: 1, 2, 3, 4, 1, 2, 3, 4, 1, 2, 3, 4, 1, 2, 3, 4 (Betonung auf 1, 3 u. 4)
SI: wiederholen mit **L** gemeinsam.

Achtung: Hier darf die „1“ nie zur „3“ werden, <u>deshalb: laut mitzählen!</u>
Bei einer Wiederholung können nun Schülerinnen und Schüler diese Figuren weiterführen.

2. Phase:

Zählen und klatschen in verschiedenen Gruppen

Hier werden ein paar Beispiele gegeben, wie dieser Schritt zu verstehen ist. Danach kann man sich viele verschiedene Kombinationsmöglichkeiten mit den Schülerinnen und Schülern gemeinsam überlegen und umsetzen. Die SchülerInnen können hier auch selbsttätig arbeiten, d.h.: sie denken sich eigene Betonungen (**nur eintaktig!**) aus und versuchen diese gemeinsam zu spielen.

Gruppe 1: 1, 2, 3, 4, 1, 2, 3, 4, 1, 2, 3, 4, 1, 2, 3, 4

Gruppe 2: 1, 2, 3, 4, 1, 2, 3, 4, 1, 2, 3, 4, 1, 2, 3, 4

Gruppe 1: 1, 2, 3, 4, 1, 2, 3, 4, 1, 2, 3, 4, 1, 2, 3, 4

Gruppe 2: 1, 2, 3, 4, 1, 2, 3, 4, 1, 2, 3, 4, 1, 2, 3, 4

Gruppe 1: 1, 2, 3, 4, 1, 2, 3, 4, 1, 2, 3, 4, 1, 2, 3, 4

Gruppe 2: 1, 2, 3, 4, 1, 2, 3, 4, 1, 2, 3, 4, 1, 2, 3, 4

Gruppe 1: 1, 2 3, 4, 1, 2, 3, 4, 1, 2, 3, 4, 1, 2, 3, 4

Gruppe 2: 1, 2, 3, 4, 1, 2, 3, 4, 1, 2, 3, 4, 1, 2, 3, 4

Gruppe 1: 1, 2, 3, 4, 1, 2, 3, 4, 1, 2, 3, 4, 1, 2, 3, 4

Gruppe 2: 1, 2, 3, 4, 1, 2, 3, 4, 1, 2, 3, 4, 1, 2, 3, 4

Gruppe 1: 1, 2, 3, 4, 1, 2, 3, 4, 1, 2, 3, 4, 1, 2, 3, 4

Gruppe 2: 1, 2, 3, 4, 1, 2, 3, 4, 1, 2, 3, 4, 1, 2, 3, 4

Gruppe 3: 1, 2, 3, 4, 1, 2, 3, 4, 1, 2, 3, 4, 1, 2, 3, 4

Diese Übungen lassen sich nun auf Instrumente übertragen. Die Rhythmen bekommen dadurch eine andere Qualität. **Erst wenn man die Übungen beherrscht, sollen sie auf die Instrumente übertragen werden.**

Gruppe 1:	1, 2, 3, 4,	1, 2, 3, 4,	1, 2, 3, 4,	1, 2, 3, 4	Congas
Gruppe 2:	1, 2, 3, 4,	1, 2, 3, 4,	1, 2, 3, 4,	1, 2, 3, 4	Bongos
Gruppe 3:	1, 2, 3, 4,	1, 2, 3, 4,	1, 2, 3, 4,	1, 2, 3, 4	Schellenring

SI: 1, 2, 3, 4, 5, 6, 7, 8, 9 Gruppe 1: (Congas)
SI: 1, 2, 3, 4, 5, 6, 7, 8, 9 Gruppe 2: (Bongos)
SI: 1, 2, 3, 4, 5, 6, 7, 8, 9 Gruppe 3: (Schellenring)

Erst spielen alle **SI 1**, dann alle **SI 2**, dann alle **SI 3** gleichzeitig jeweils mindestens 8 Takte, dann wird entsprechend gewechselt. Alle anderen klatschen in ihrer Gruppe die Betonungen mit.

Will man noch bei diesem Betonungsmuster bleiben, werden die Instrumente und damit auch die Betonungsmuster getauscht. Ein zweites Beispiel soll noch auf die Vielfalt der Möglichkeiten hinweisen, die später gruppenindividuell variiert werden können. Die Variationsmöglichkeiten beziehen sich sowohl auf verschiedene Betonungsmuster wie auch auf den Einsatz verschiedenen Rythmusinstrumente.

Gruppe 1:	1, 2, 3, 4,	1, 2, 3, 4,	1, 2, 3, 4,	1, 2, 3, 4	Congas
Gruppe 2:	1, 2, 3, 4,	1, 2, 3, 4,	1, 2, 3, 4,	1, 2, 3, 4	Bongos
Gruppe 3:	1, 2, 3, 4,	1, 2, 3, 4,	1, 2, 3, 4,	1, 2, 3, 4	Schellenring

SI: 1, 2, 3, 4, 5, 6, 7, 8, 9 Gruppe 1: (Congas) Hi Hat
SI: 1, 2, 3, 4, 5, 6, 7, 8, 9 Gruppe 2: (Bongos) Snare drum
SI: 1, 2, 3, 4, 5, 6, 7, 8, 9 Gruppe 3: (Schellenring) Claves

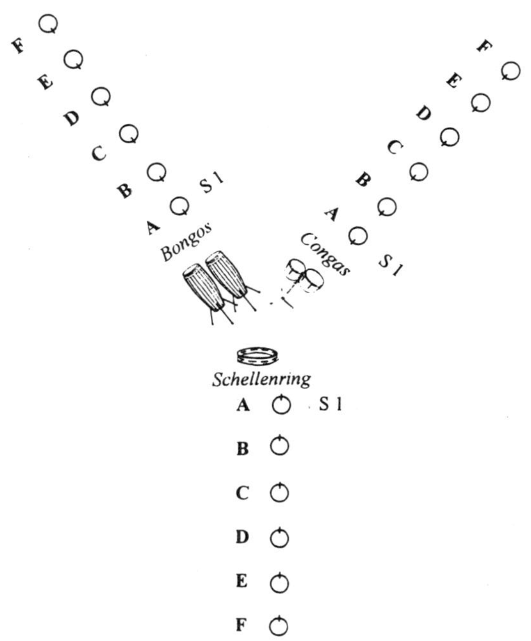

Erst alle **A**
Dann alle **B**
dann alle **C** usw.

3. Phase:

Bewegung und zählen

Nun kommen wir stärker zur Einbeziehung des ganzen Körpers. Auch was zu Anfang so besonders einfach scheint, ist so leicht nicht. Ein geduldiges, abwechslungsreiches, schrittweises Vorgehen ermöglicht gute Lernerfolge.

Wir stehen im Kreis, die Füße parallel und die Arme hängen locker am Körper herunter. Zuerst stellen alle Schülerinnen und Schüler den linken Fuß vor. Dies ist der Fuß mit dem wir beginnen (macht die L. das nicht, gibt`s garantiert Chaos). Nun wird der Fuß wieder zurückgestellt. Die Bewegung ist folgende: Demonstration der L.:

1.	linker Fuß nach links zur Seite	zählen auf „ 1 “	Side
2.	rechter Fuß an den linken Fuß	zählen auf „ 2 “	Step
3.	rechter Fuß nach rechts zur Seite	zählen auf „ 3 “	Side
4.	linker Fuß an den rechten Fuß	zählen auf „ 4 “	Step.

Es soll so lange getanzt werden, bis alle SchülerInnen die Bewegung mit dem Zählen verbinden können. Eine Gleichmäßigkeit ergibt sich nicht von selbst und so wird es notwendig sein, oftmals von vorne zu beginnen. Erst wenn alles wirklich stabil ist, sollte der nächste Schritt eingeleitet werden.

Die Bewegung bleibt immer durchgängig, auch wenn einiges verbal korrigiert und erläutert wird. **Die Übungen sind mindestens immer 8 Takte lang.**

- wir zählen durchgängig:	1	2	3	4
- wir zählen	1	2	3	–
- wir zählen	1	2	–	–
- wir zählen	1	–	3	–
- wir zählen	1	–	–	4
- wir zählen	1	2	–	4
- wir zählen	1	–	3	4
- wir zählen	–	2	3	–
- wir zählen	–	–	–	4

Die Auslassungen sind besonders schwer durchzuhalten, geben aber auf der anderen Seite einen besonderen Reiz. Es ist immer schwerer, wenn die „ 1 “ weggelassen wird.

Diese Beispiele sollen genügen. Man kann sich vorstellen, daß es viele Möglichkeiten gibt, während der Bewegung zu zählen.

Auch hier kann man Gruppen bilden, die dann bei aller gleichzeitiger Bewegung verschiedene Schwerpunkte zählen.

Oder eine SchülerIn zählt mindestens 4 Takte lang ein eintaktiges Schwerpunktbeispiel, und alle anderen wiederholen dieses.

4. Phase:

Bewegung, zählen und klatschen

Diese 4. Phase schreibt sich leicht, ist aber nicht so einfach umzusetzen. Hier kommt zu der Bewegung und dem Zählen noch das Klatschen hinzu. Die Bewegung „läuft durch", das Zählen ebenfalls. Es wird also jetzt immer zur Bewegung 1, 2, 3, 4 gezählt. Die einzigen Variablen in dieser Phase sind die Klatschbetonungen.

Übungsbeispiele:

1.

Bewegung:	links side	rechts step	rechts side	links step	
Zählen	1	2	3	4	
Klatschen	+	+	+	+	(1, 2, 3, 4)

2.

Bewegung:	links side	rechts step	rechts side	links step	
Zählen	1	2	3	4	
Klatschen	+	+	+	-	(1, 2, 3, –)

3.

Bewegung:	links side	rechts step	rechts side	links step	
Zählen	1	2	3	4	
Klatschen	+	+	-	-	(1, 2, –, –)

4.

Bewegung:	links side	rechts step	rechts side	links step	
Zählen	1	2	3	4	
Klatschen	+	-	+	-	(1, –, 3, –)

5.

Bewegung:	links side	rechts step	rechts side	links step	
Zählen	1	2	3	4	
Klatschen	+	+	-	+	(1, 2, –, 4)

6.

Bewegung:	links side	rechts step	rechts side	links step	
Zählen	1	2	3	4	
Klatschen	+	-	+	+	(1, –, 3, 4)

7.

Bewegung:	links side	rechts step	rechts side	links step	
Zählen	1	2	3	4	
Klatschen	-	+	-	+	(–, 2, –, 4)

Es ist immer wichtig, daß die Lehrkraft die Beispiele **mindestens über 4 Takte** vorstellt. Dann sollen die SchülerInnen dieses nachmachen.

Ist das System gut vermittelt, kann nach einiger Zeit das Vor- und Nachmachen von Schülerinnen oder Schülern übernommen werden. Hierbei werden die Beispiele beliebig erweitert.

Die SchülerInnen bleiben in einem Kreis, jedoch wird in zwei Gruppen zum gemeinsamen Zählen und zur gleichen Bewegung unterschiedlich schwerpunktmäßig geklatscht. Nun wird man abwägen, ob die Anzahl der verschiedenen Gruppen erhöht werden kann oder ob verschiedene Rhythmen auf verschiedene Instrumente übertragen werden sollen.

„Steht" ein Rhythmus, kann man versuchen auf das Zählen zu verzichten. Dabei entfällt zwar ein Stabilisierungsfaktor, aber das Rhythmusgeflecht wird musikalisch deutlicher. „Kippt" der Rhythmus in einer Gruppe, muß man versuchen, wieder über das Zählen in die richtige Schwerpunktbildung zu kommen.

5. Phase:

Einführung in die Notation - Notenwerte

Bisher spielte eine Notation noch keine Rolle. Alles, was gemacht wurde, ist über das Gehör aufgenommen worden. Nun geht es um die Notenwerte! Diese Notenwerte spielen beim Rhythmus die entscheidende Rolle. Hierbei beginne ich mit der ganzen Note. Es folgt die Einführung in die Halbe und zum Schluß die Information über die Viertelnote. Ich beginne deswegen mit der ganzen Note, weil ich die Betonung nur auf der „1“ habe und die Notenlänge durch einen entsprechenden Strich verdeutlicht werden kann. Die Darstellung über einen Takt genügt. Ich halte es für musikalisch unsinnig, die Wertigkeiten von Noten in einem arithmetischen Bild darzustellen. Hierbei beziehen sich die Notenlängen nicht auf die Zeit. Die Zeit ist aber das entscheidende Kriterium für Notenwerte.

musikalisch

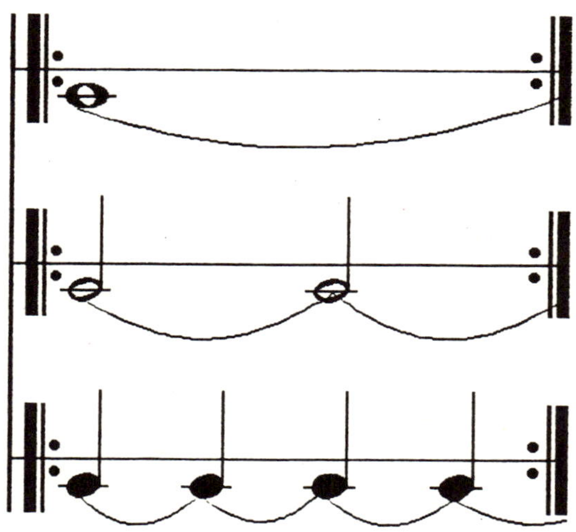

arithmetisch

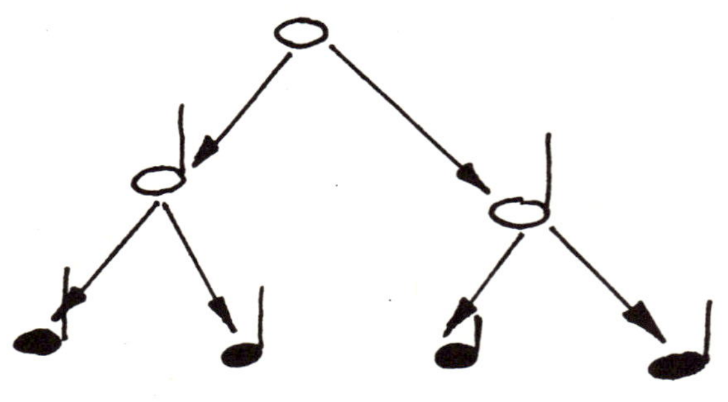

Alles klar ?!

Den Schülerinnen und Schülern wird das Blatt 1 über eine Folie, die von diesem Blatt hergestellt werden muß, erklärt. Dabei muß folgendes deutlich werden:

- die ganzen Noten werden auf der Zählzeit „ 1 " gespielt (geklatscht),

- die halben Noten werden auf den Zählzeiten „ 1 " und „ 3 " gespielt,

- die Viertelnoten werden auf den Zählzeiten 1, 2, 3, 4 gespielt.

Übung:
Die Lehrkraft nimmt sich ein Instrument, das nachklingt (Klavier, Gitarre) und spielt, während sie laut zählt entweder ganze -, halbe - oder Viertelnoten (immer den gleichen Ton nehmen, sonst lenkt die Melodie von der Aufgabe ab). Die SchülerInnen sollen nun erkennen, um welche Noten es sich handelt und die entsprechenden Notenwerte benennen.

Blatt 1

Noten<u>werte</u> bezeichnen die <u>Länge der Noten</u>, nicht deren Namen!

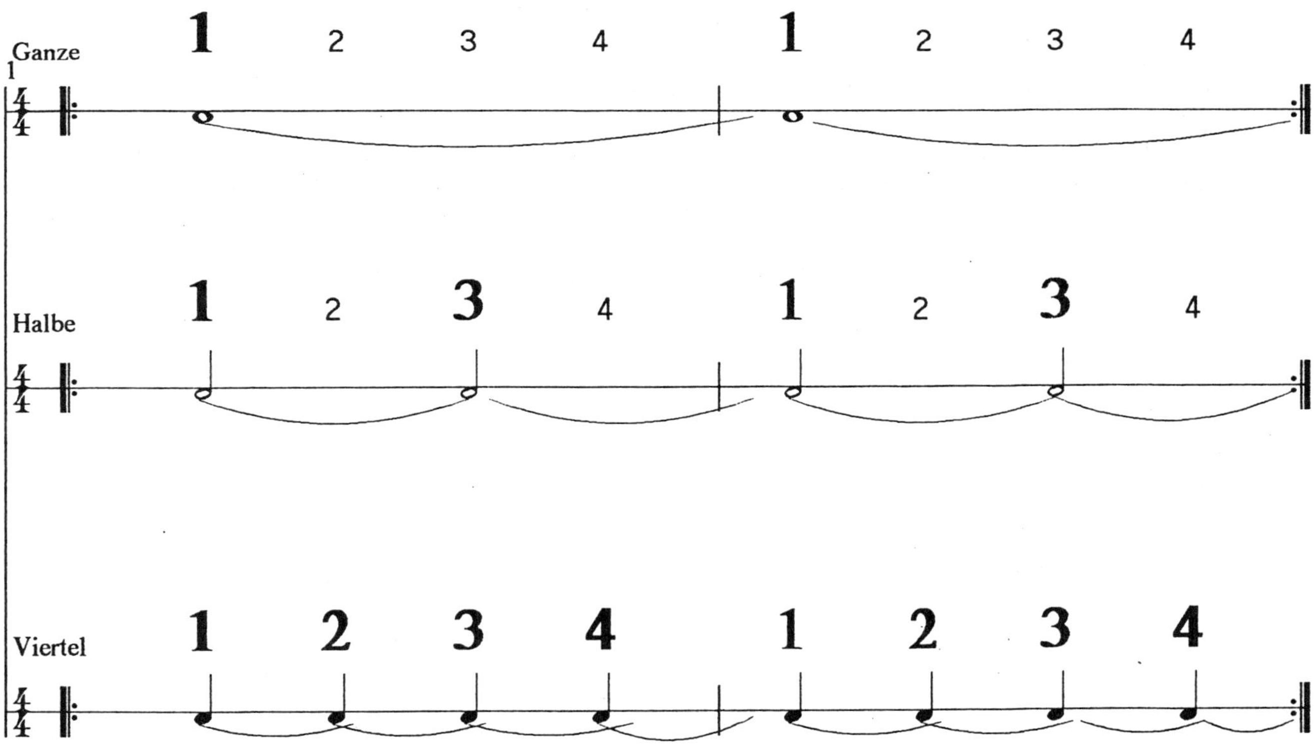

<u>Es ist wirklich wichtig, daß die Schülerin oder der Schüler, der aufgerufen wird, den Notenwert deutlich nennt.</u>

Diese Übung kann von Schülern fortgeführt werden. Nun wird der Tageslichtschreiber ausgestellt, und die Schüler sollen nun ohne visuelle Hilfe die Notenwerte bestimmen. Dies kann in einem Spiel von Schüler zu Schüler geschehen.

6. Phase:

Umsetzung von Rhythmusnoten

Die Arbeit mit dem Arbeitsbogen 1

- Zunächst werden von den SchülerInnen die Notenwerte auf den Arbeitsbogen 1 eingetragen.

- Die L. erstellt von diesem AB 1 eine Folie und wirft das Bild an die Wand.

- Die SchülerInnen setzten sich in zwei Halbkreisen so, daß sie problemlos das Bild sehen können.

- Die ersten vier Takte werden vorgeklatscht und die SchülerInnen klatschen nach (das laute Zählen nicht vergessen!). Dies geht weiter bis einschließlich Reihe 5.

- Die L. klatscht eine der 5 Reihen und die SchülerInnen benennen sie (z.B.: Reihe 3).

- Dieses Spiel wird auf SchülerInnen übertragen.

- Die Stühle werden an die Seite gestellt und alle bilden einen Stehkreis.

- Wir beginnen mit unserer Tanzbewegung: side - step - side - step (1, 2 , 3, 4).

- Über diese Bewegung klatschen wir Reihe für Reihe durch.

- Die Bewegung bleibt, und wir nehmen das Spiel wieder auf.

- Wir übertragen die einzelnen Reihen auf Rhythmusinstrumente. Die Reihe 1 wird z.B. von den Congas gespielt, Reihe 2 von den Bongos, Reihe 3 von den Claves, Reihe 4 von der Cabassa und die Reihe 5 von der Cowbell. Die 5 Reihen sollen nun **nacheinander** gespielt werden (auf die Wiederholung achten).

- Nun wechseln die Schülergruppen: Die Reihe 1 (Congas) spielt nun Bongos und Reihe 2 usw.

- Die Schüler, die keine Instrumente spielen, weil nicht genügend vorhanden sind, ordnen sich den Gruppen zu und klatschen die Rhythmen über die Tanzbewegung mit.

Schreibe die richtigen Notenwerte unter die Noten.
Klatsche / spiele die Notenwerte.
Sprich dabei 1, 2, 3, 4, laut mit !

Reihe 1

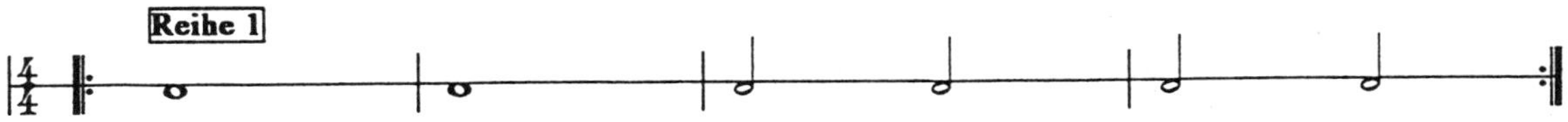

Reihe 2

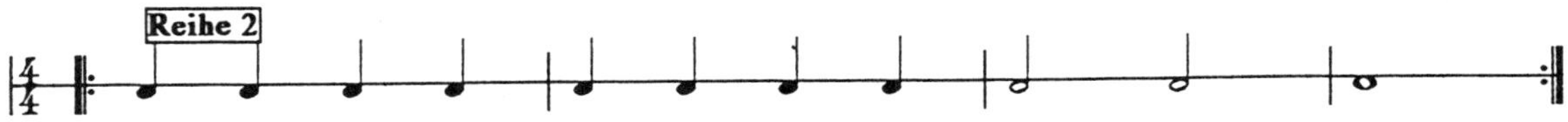

Reihe 3

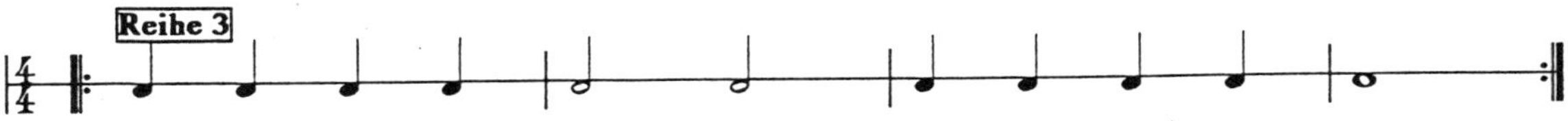

Reihe 4

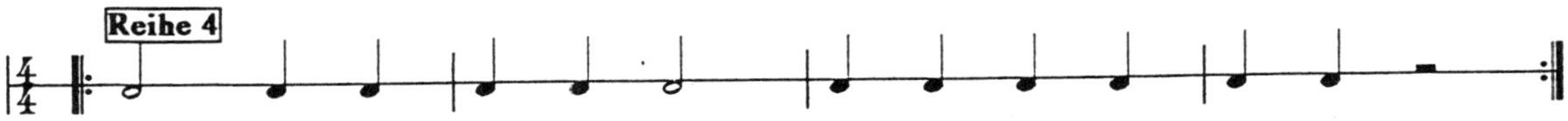

Reihe 5

Die Arbeit mit dem Arbeitsbogen 2

- Zunächst werden von den SchülerInnen die Notenwerte auf den Arbeitsbogen 2 eingetragen.

- Die L. erstellt von diesem AB 2 eine Folie und wirft das Bild an die Wand.

- Die SchülerInnen setzen sich in zwei Halbkreisen so, daß sie problemlos das Bild sehen können.

- Die SchülerInnen werden in zwei Gruppen eingeteilt (A/B).

- Die L. fordert aus der Gruppe A ein Mitglied auf die obere Reihe zu klatschen.

- Die Mitglieder der Gruppe A klatschen ihre Reihe und zählen laut mit.

- Zu der Reihe der Gruppe A klatscht die L. den Rhythmus der verklammerten zweiten Reihe (Rhythmus der Gruppe B).

- Die Mitglieder der Gruppe B nehmen diesen zweiten Rhythmus auf und klatschen ihn mit der L. gemeinsam (laut zählen).

- Bei Reihe 2 wird mit der Gruppe B (untere Reihe) begonnen.

- Nun fangen beide Gruppen gleichzeitig an und klatschen Reihe 1 und 2.

- Die Gruppen erarbeiten sich den Rhythmus der Reihe 3 selbst. Dabei sollten sie räumlich etwas voneinander getrennt werden.

- Gruppe A und B stellen sich gegenseitig ihren Rhythmus vor.

- Auf Einsatz der L. werden beide Reihen gleichzeitig geklatscht.

- Die Stühle werden an die Seite gestellt und alle bilden einen Stehkreis.

- Wir beginnen mit unserer Tanzbewegung: side - step - side - step (1, 2, 3, 4).

- Über diese Bewegung versuchen wir, die beiden Rhythmen gleichzeitig zu klatschen und dabei zu zählen.

- Nun kann auf das laute Zählen verzichtet werden. Dabei werden die beiden verschiedenen Rhythmen deutlicher.

- Wir übertragen die beiden Reihen auf Rhythmusinstrumente, z.B. Reihe 1: Cowbell und weitere Metallklinger, und Reihe 2: Congas und weitere Fellklinger. So können wir etliche Schüler an`s Instrument bringen und haben doch zwei verschiedene Klangqualitäten.

- Nun lassen sich die Gruppen A und B tauschen.

Arbeitsbogen 2

Schreibe die richtigen Notenwerte unter die Noten. Klatsche / spiele die Notenwerte (später in zwei Gruppen gleichzeitig). Sprich dabei 1, 2, 3, 4 laut mit !

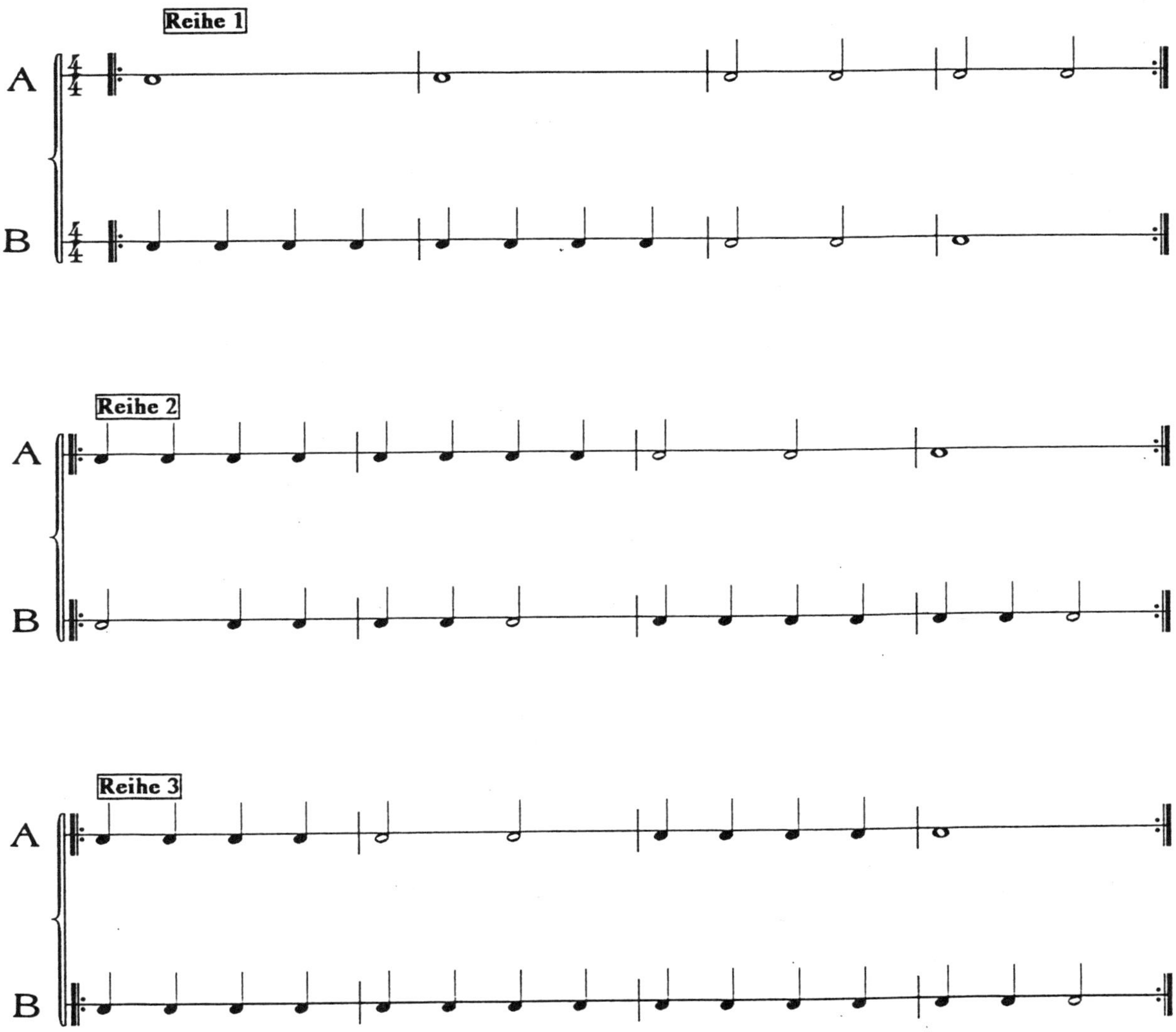

Die Arbeit mit dem Arbeitsbogen 3

Die Arbeit mit dem Arbeitsbogen 3 ist der mit dem Arbeitsbogen 2 vergleichbar, nur haben wir es hier mit drei verschiedenen Gruppen zu tun. Erst wenn die Mitglieder einer Gruppe stabil sind, soll der nächste Rhythmus in die folgende Gruppe eingebracht werden. Es besteht aber auch hier schon die Möglichkeit, daß SchülerInnen selbst ihren Rhythmus erarbeiten können. Dann empfiehlt es sich, als L. nur hilfestellenderweise in die Lernprozesse der SchülerInnen einzugreifen. Bevor alle drei Gruppen gleichzeitig spielen, **ist es unbedingt notwendig, jede Gruppe ihren eigenen Rhythmus vorstellen zu lassen.** Erstens haben sie hierdurch die Gelegenheit, ihre Ergebnisse zu präsentieren und zweitens kann hier noch leicht korrigierend Hilfestellung gegeben werden. Die Hilfestellung kann z.B. so aussehen, daß die Lehrkraft zu Anfang mitklatscht/spielt, sich aber langsam aus dem Geschehen herauszieht, so daß die Gruppe dann allein weiterspielt. Beim Übertragen der drei Rhythmen bekommen wir schon ein interessantes Rhythmusgeflecht, wenn die verschiedenen Reihen mit verschiedenen Rhythmusinstrumenten gespielt werden. Hier sollten die SchülerInnen selbst entscheiden, welches Instrument welcher Reihe zugeordnet wird.

Schreibe die richtigen Notenwerte unter die Noten.
Klatsche / spiele die Notenwerte (später in drei Gruppen gleichzeitig).
Sprich dabei 1, 2, 3, 4 laut mit !

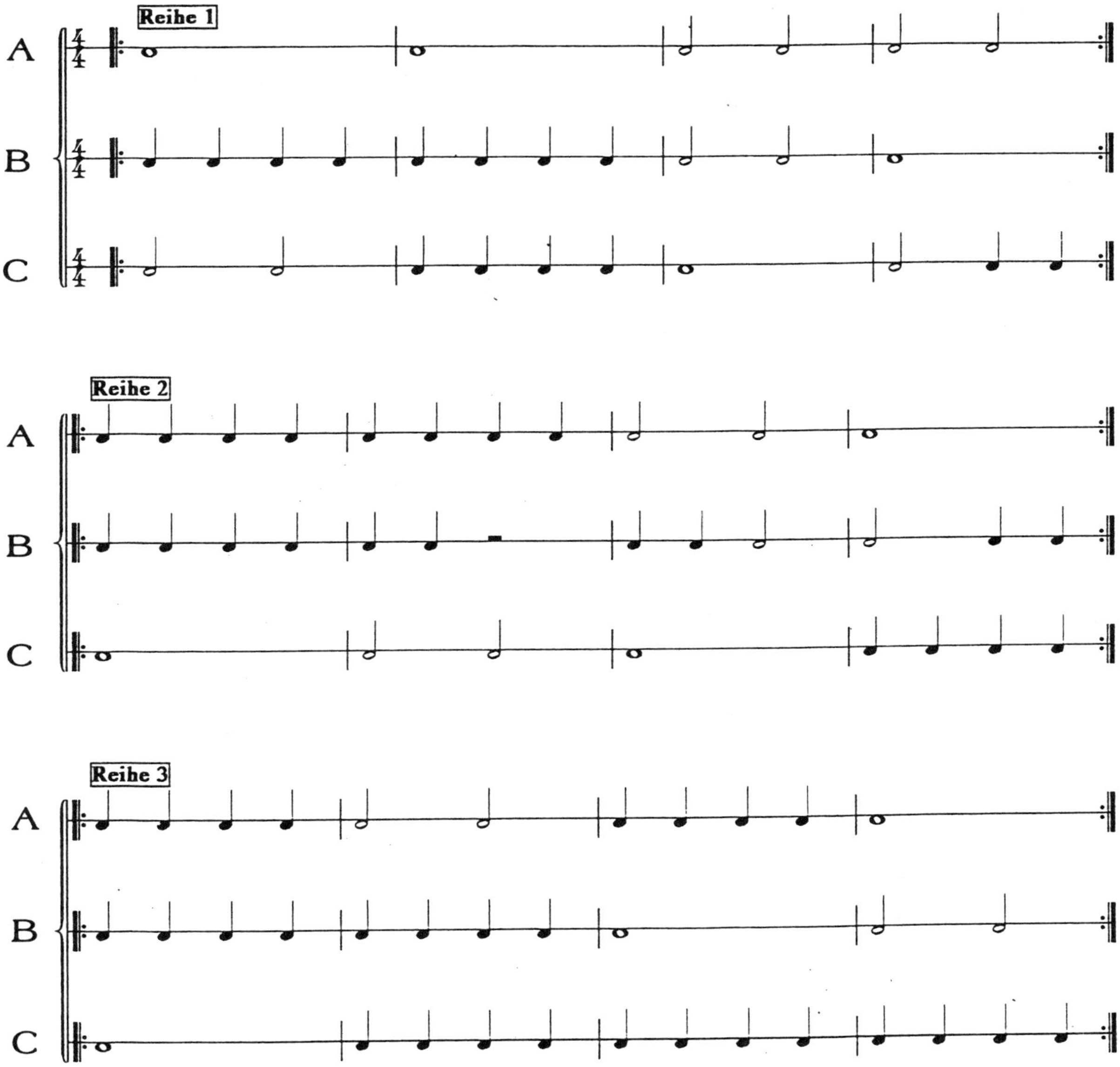

7. Phase:

Einführung in die Notation - Notennamen

Das Blatt 2 wird auf eine Folie kopiert und die SchülerInnen lernen an Hand dieser Folie die Notennamen. Es ist darauf zu achten, daß einige Noten auf den Linien und andere sich zwischen den Linien befinden. Die Entscheidung für den Bereich von C1 bis A2 fiel auf Grund der beiden Hilfslinien. C1 befindet sich auf der unteren, A2 auf der ersten oberen Hilfslinie. Als Hilfe kann folgender Satz angeboten werden:

Caspar, Du Eifriger Fahrer, Geh Auf's Haus.

Vielleicht finden die SchülerInnen einen besseren, dann soll dieser verwendet werden. Diese Notennamen müssen einfach gelernt werden. Dies scheint mir immer mehr ein Lernziel zu sein, um das man an einem in der Praxis orientierten Musikunterricht nicht herumkommt. Sind diese Noten gelernt, gibt es viel weniger Probleme beim Musizieren. In unserem Fach gibt es ein paar Dinge, die einfach gelernt werden müssen, wie in anderen Fächern auch. Dazu gehört die Stammtonreihe: C, D, E, F, G, A, H. Wie das später erweitert werden kann oder erweitert werden soll, müssen die verschiedenen Unterrichtsprozesse in den einzelnen Gruppen zeigen.

- Die Schüler bekommen das Blatt 2 als Vorlage, um nun selbständig die Arbeitsbögen 4 a/b zu bearbeiten. Dabei sollen sich die SchülerInnen selbstverständlich gegenseitig helfen und sich ggf. selbst korrigieren.

- Nach den Arbeitsbögen 4a/b wird nun der Arbeitsbogen 5 bearbeitet. Hier besteht die Schwierigkeit in dem Benennen des Wertes und des Namens, z.B. ¼ C2, ½ A1 usw.

- Überprüfung und ggf. Korrektur des Arbeitsbogens 5.

- Bearbeitung des Arbeitsbogens 6 nach dem gleichen Muster wie 5.

Die Arbeitsbögen 4, 5, 6 sollen nicht unmittelbar nacheinander bearbeitet werden. Nach der Bearbeitung eines Bogens wird man sinnvollerweise eine andere Unterrichtssequenz einschieben, weil die Arbeit doch ein hohes Maß an Konzentration erfordert.
Damit ist das Lernen der Notennamen und der Notenwerte für den 5. Jahrgang erst einmal abgeschlossen. Wenden wir uns jetzt der Anwendung zu.

Blatt 2

Noten<u>namen</u> bezeichnen die <u>Höhe der Töne</u>, nicht deren Länge (Wert)!

Anmerkung:
Es ist auch gebräuchlich, statt C2 die Bezeichnung C '', D1 = D' (usw.) zu verwenden.

Schreibe die Notennamen unter die Noten

Schreibe die Notennamen unter die Noten

Schreibe die Notennamen und die Notenwerte unter die Noten

Schreibe die Notennamen und die Notenwerte unter die Noten

8. Phase:

Anwendung der gelernten Noten und Rhythmen

Das Gelernte soll an vier leichten Musikstücken angewendet werden. Ein bewährtes methodisches Vorgehen - soll am Stück „Go on 1“ vorgestellt werden. In ähnlicher Art und Weise lassen sich alle anderen Titel ebenfalls umsetzen.

- Die Schüler bekommen das Blatt „Go on 1“.

- Jeder Schüler bekommt eine Stimme zugewiesen.

- Er soll mindestens die Notennamen unter seine Stimme schreiben.

- Alle Schüler arbeiten parallel an ihrer Stimme. (Man soll es nicht glauben, aber Schüler sind in der Lage, gleichzeitig in einem Raum verschiedene Stimmen zu üben.)

- Xylophon 1 spielt vor, und alle anderen lesen mit.

- Xylophon 2 spielt vor, und alle anderen lesen mit.

- Xylophon 1 und Xylophon 2 spielen vor, während die anderen mitlesen.

- Xylophon 3 spielt vor.

- Xylophon 1-3 spielen vor.

- Xylophon 4 spielt vor.

- Alle Xylophone spielen vor.

- Metallophon 1 spielt vor.

- Metallophon 2 spielt vor.

- Die Metallophone spielen ihre Takte vor.

- Xylophone und Metallophone spielen gemeinsam vor.

- Die Glocke spielt vor und zählt dabei laut mit.

- Die Congas und Bongos spielen vor und zählen dabei laut mit.

- Während die Glocke, Congas und Bongos gemeinsam musizieren, spielen Schellenring, Claves und Cabassa „im Stillen“ mit.

- Nun spielen alle Rhythmusinstrumente (außer Drumset) ihre Figur.

- Am Drumset wird zuerst nur die Hi - Hat gespielt.

- Nun spielt die Hi - Hat mit der Glocke gemeinsam.

- Nun das Drum-Set allein (eventuell mit der Glocke gemeinsam).

- Der große Augenblick ist gekommen: alle spielen gemeinsam einige Male die Takte durch bis alle vier Takte stabil klingen.

Text weiter auf Seite 26

Go On Nr. 1

Wilhelm Torkel

- Wenn eine Schülerin oder ein Schüler in der Lage ist, eine der angebotenen Melodiestimmen zum „Go on“ zu spielen, bekommen diese 4 Takte ihren besonderen Reiz.

- Nun soll man mit dem Erarbeiteten herumspielen, z.B.:
  nacheinander einsetzen, - „leise“ und „laut“ mit einbringen, - eine Stimme hervor treten lassen (alle leise, eine laut), - von einem Schüler dirigieren lassen, - laut und leise aus dem musikalischen Prozeß heraus entwickeln, usw.
- **Und zum Schluß wird eine eine Tonbandaufnahme hergestellt**. Diese läßt sich vervielfältigen und kann zu Hause vorgespielt werden.

Zu „Go On Nr. 1“

drei zusätzliche Melodiestimmen zur Auswahl

Wilhelm Torkel

Go On Nr. 2

Wilhelm Torkel

Zu „Go On Nr.2“
drei zusätzliche Melodiestimmen zur Auswahl

Wilhelm Torkel

Zu „Go On Nr.3“
drei zusätzliche Melodiestimmen zur Auswahl

Wilhelm Torkel

Go On Nr.3

Wilhelm Torkel

Go On Nr.4

Wilhelm Torkel

Zu „Go On Nr.4“

drei zusätzliche Melodiestimmen zur Auswahl

Wilhelm Torkel

A

B

C

9. Phase:

Einbeziehung der Achtelnoten

Den bisher gelernten Notenwerten soll nun ein weiterer, die Achtelnote, hinzugefügt werden. Um später in ein gutes „Achtelfeeling“ zu kommen, ist es hier besonders notwendig, sehr genau zu arbeiten. Alles andere bringt auf Dauer nur Frustration.

- Das Blatt drei wird auf eine Folie kopiert und die SchülerInnen machen sich mit den beiden verschiedenen Schreibweisen der Achtelnoten vertraut (Halbkreis).
  Dann klatschen wir unter lautem Zählen erst ganze Noten, halbe Noten und Viertelnoten. Dies haben die SchülerInnen bereits vorher gelernt.

- Wir sprechen jetzt 1 und 2 und 3 und 4 und, klatschen aber nur die Viertelnoten dazu.

- Wir sprechen jetzt 1 und 2 und 3 und 4 und, und klatschen die Achtelnoten. (Auf jedem Sprachimpuls sitzt ein Klatscher.)

- Wir teilen die SchülerInnen in zwei Gruppen auf. Die eine Gruppe klatscht die Viertel-, die andere dazu die Achtelbewegung. Hier kommt es besonders darauf an, daß die 1, 2, 3 und 4 gemeinsam geklatscht werden. Diese Übung ist schwer. Hierbei muß besonders auf Genauigkeit geachtet werden.

- Nun werden die Gruppen getauscht.

- Ein erstes kleines Spiel: alle SchülerInnen sitzen im Kreis. SchülerIn A klatscht acht Achtel. Beim zweiten Takt kommt SchülerIn B dazu. Beim dritten Takt SchülerIn C usw. bis alle SchülerInnen klatschen. Wenn die letzte SchülerIn den ersten Takt geklatscht hat, hört die erste SchülerIn auf. Zum Schluß klatscht die letzte SchülerIn allein einen Takt.

- Ein zweites, schwereres Spiel: Bei diesem Spiel wird deutlich, daß es nicht einfach ist, „im timing“ zu bleiben. Die SchülerInnen sitzen im Kreis. A beginnt und klatscht einen Takt. B schließt sofort den zweiten Takt an. Hat B den Takt mit den acht Achteln beendet, schließt sich sofort, im richtigen Tempo, C an, usw. Dieses Spiel erfordert eine hohe Konzentration, bringt aber deswegen musikalisch viel, weil man mitmusizieren muß, ohne daß man „dran“ ist, weil man sonst seinen Einsatz verpaßt.

Für die folgenden Arbeitsbögen 7, 8 und 9 gilt in etwa die Methodik wie sie unter der 6. Phase beschrieben wurde. Wichtig ist immer ein Einbeziehen von Instrumenten und das laute Mitzählen. Auf keinen Fall dürfen die Bewegungselemente vernachlässigt werden. Werden alle drei Elemente genügend berücksichtigt, kommen wir, besonders unter Einbeziehung der Achtelbewegungen zu einem ganzkörperlichen Ansatz, vom Kopf bis zum Fuß. Diese ist die entscheidende Grundlage, die später zum stabilen „timing“ und zum „groove“ führt.

10. Phase:

Anwendung der gelernten Noten und Rhythmen (Achtelwerte)

Im wesentlichen kann hier ein ähnlicher methodischer Ansatz eingeleitet werden, wie er ausführlich in der 8. Phase dargestellt wurde. Auf einige Besonderheiten muß aber, des besseren Verständnisses wegen hingewiesen werden. Es handelt sich dabei um die drei letzten Stücke „Let`s Go" 1-3.

- Die Achtelbewegungen enthalten bewußt noch keine synkopischen Wendungen.

- Ein Blatt hat keine ausgeschriebenen Noten, bei einem zweiten befinden sich die Notennamen unter den Noten. Hier soll die Lehrkraft selbst entscheiden, ob es auf eine schnelle Umsetzung des Stückes ankommt, oder ob an diesem Stück sinnvoll Notenlehre betrieben werden soll.

- Beim „Let`s Go 2" werden die Noten *cis, es, fis* und *b* verwendet. Mit diesen Noten sollen die SchülerInnen erst vertraut gemacht werden. Hier soll aber keine ausgewiesene Notenlehre eingeleitet und intensiviert werden, sondern es genügen Hinweise etwa folgender Art: „Das *cis* liegt zwischen *c* und *d*, das es liegt zwischen *d* und *e*, das *b* liegt zwischen *a* und *h*" usw. Es kommt stärker darauf an, aus den Noten Musik zu machen, ein sinnliches Produkt herzustellen und den Schülerinnen und Schülern zu zeigen, daß sie in der Lage sind, eine rhythmisch betonte Musik zu spielen.

Blatt 3
(plus Achtelnoten)

Notenwerte bezeichnen die Länge der Noten, nicht deren Namen

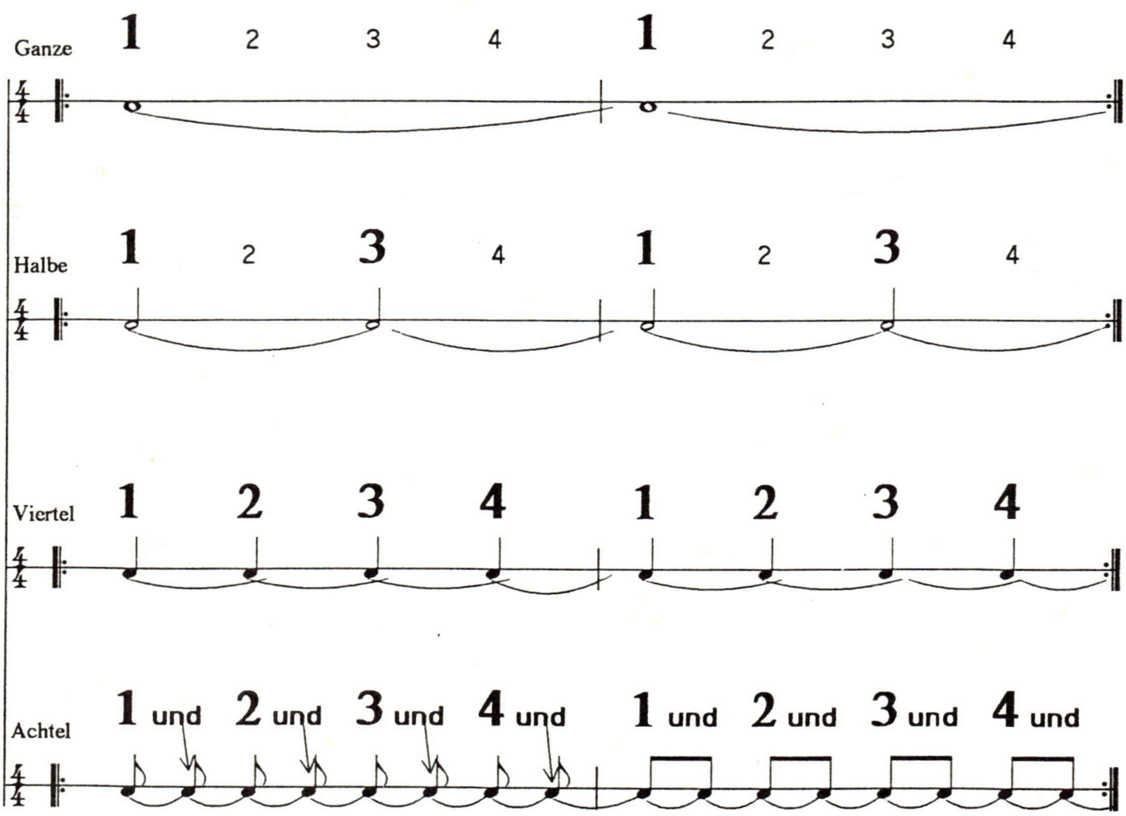

© Eres

Schreibe die richtigen Notenwerte unter die Noten.
Klatsche / spiele die Notenwerte.
Sprich dabei 1, 2, 3, 4, laut mit!

Reihe 1

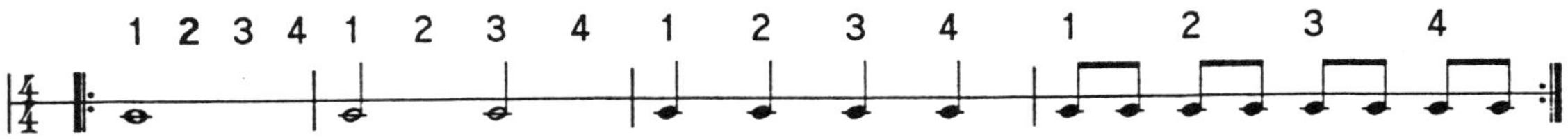

Reihe 2

Reihe 3

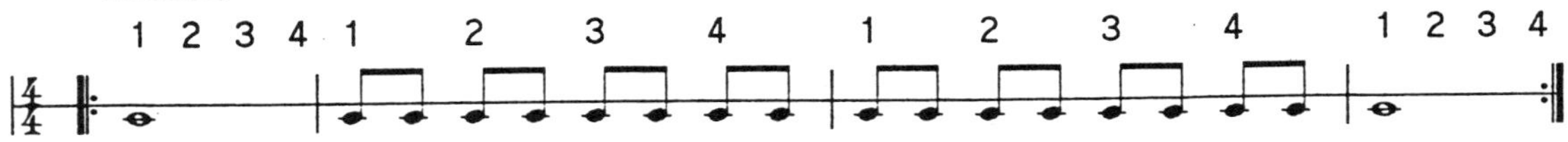

Reihe 4

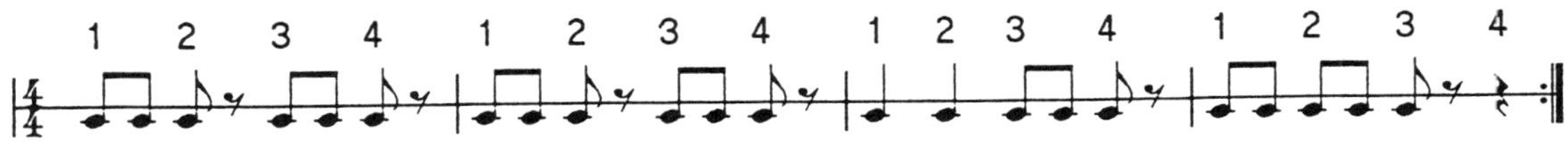

Reihe 5

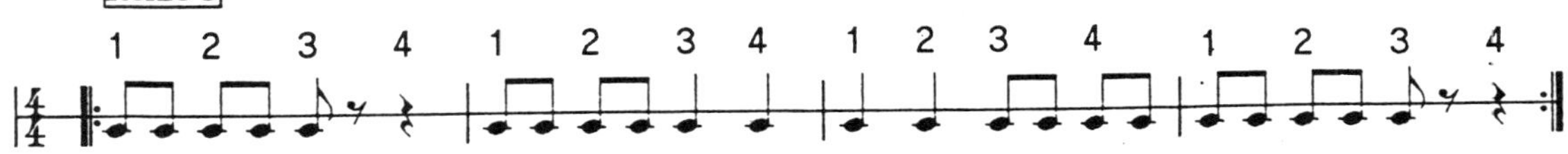

Schreibe die richtigen <u>Notenwerte</u> unter die Noten.
Klatsche / spiele die Notenwerte (später in zwei Gruppen gleichzeitig).
Sprich dabei 1, 2, 3, 4, laut mit!

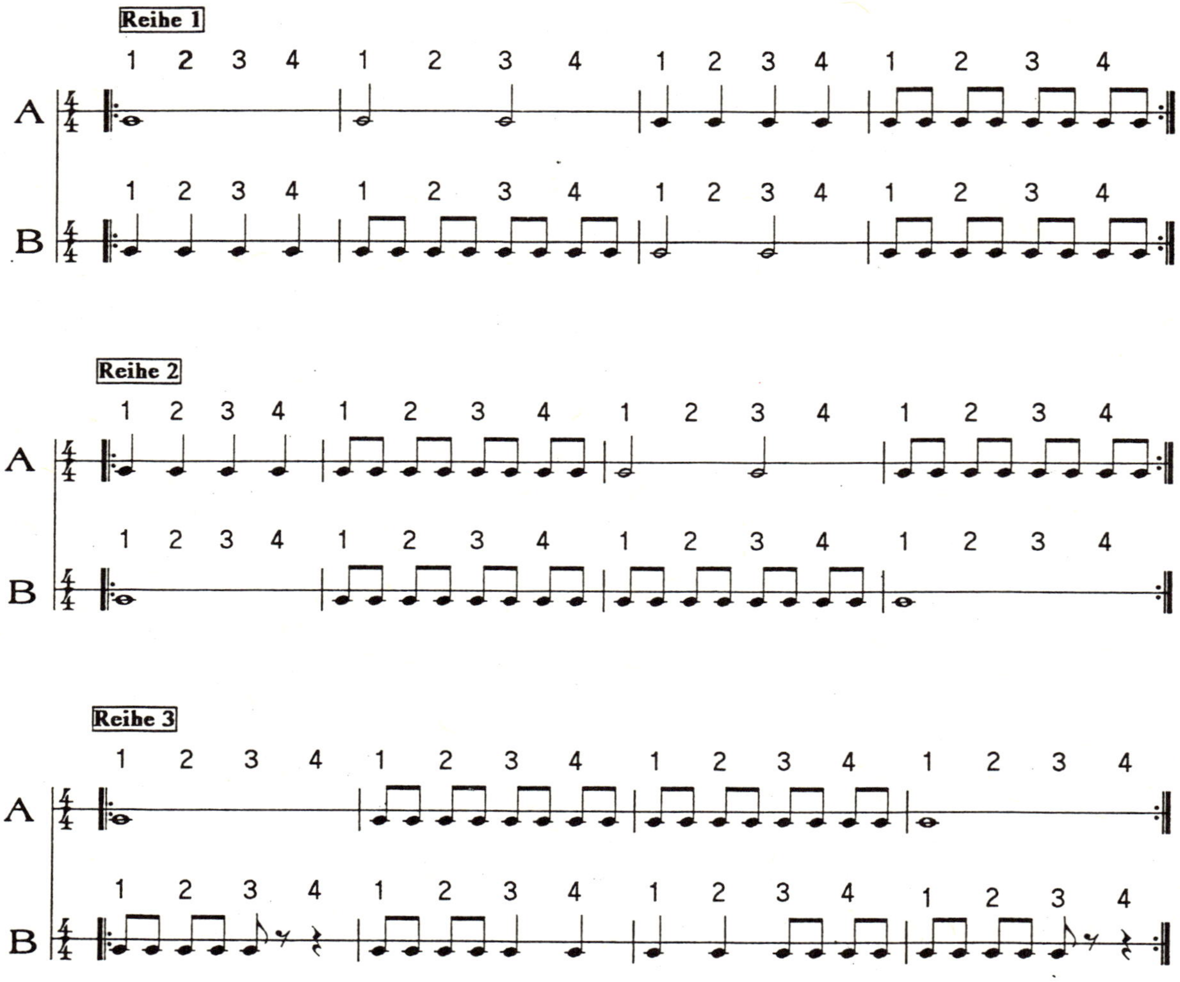

Schreibe die richtigen Notenwerte unter die Noten.
Klatsche / spiele die richtigen Notenwerte
(später in drei Gruppen gleichzeitig).
Sprich dabei 1, 2, 3, 4, laut mit!

Let's Go Nr. 1

(ohne Notennamen)

Wilhelm Torkel

Let's Go Nr. 1
(mit Notennamen)

Wilhelm Torkel

Let's Go Nr. 1

(Percussion)

Wilhelm Torkel

Let's Go Nr. 2
(ohne Notennamen)

Wilhelm Torkel

Let's Go Nr. 2

(mit Notennamen)

Wilhelm Torkel

Let's Go Nr. 2
(Percussion)

Wilhelm Torkel

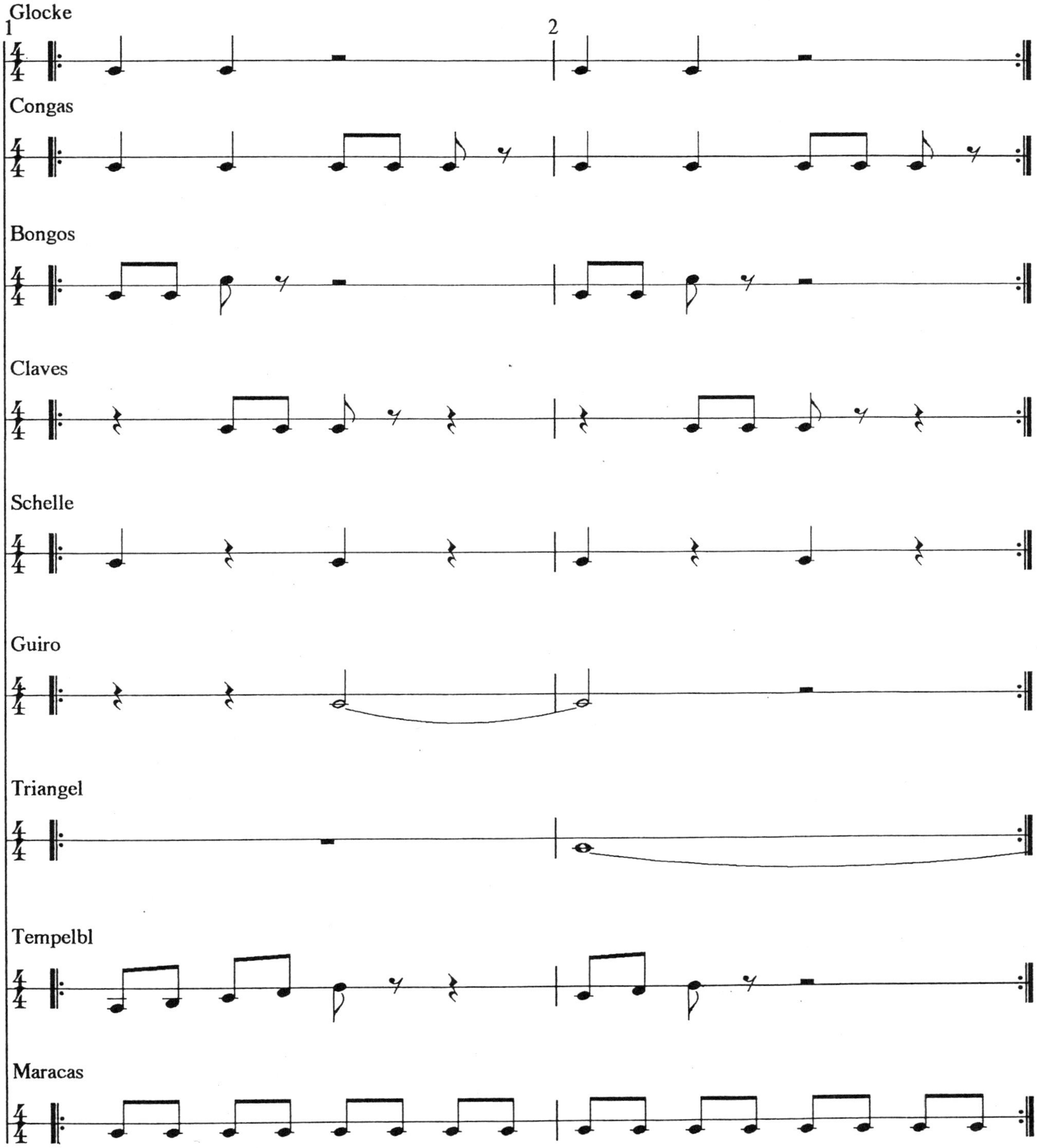

Let's Go Nr. 3

(ohne Notennamen)

Wilhelm Torkel

Let's Go Nr.3
(mit Notennamen)

Wilhelm Torkel

Let's Go Nr. 3
(Percussion)

Wilhelm Torkel

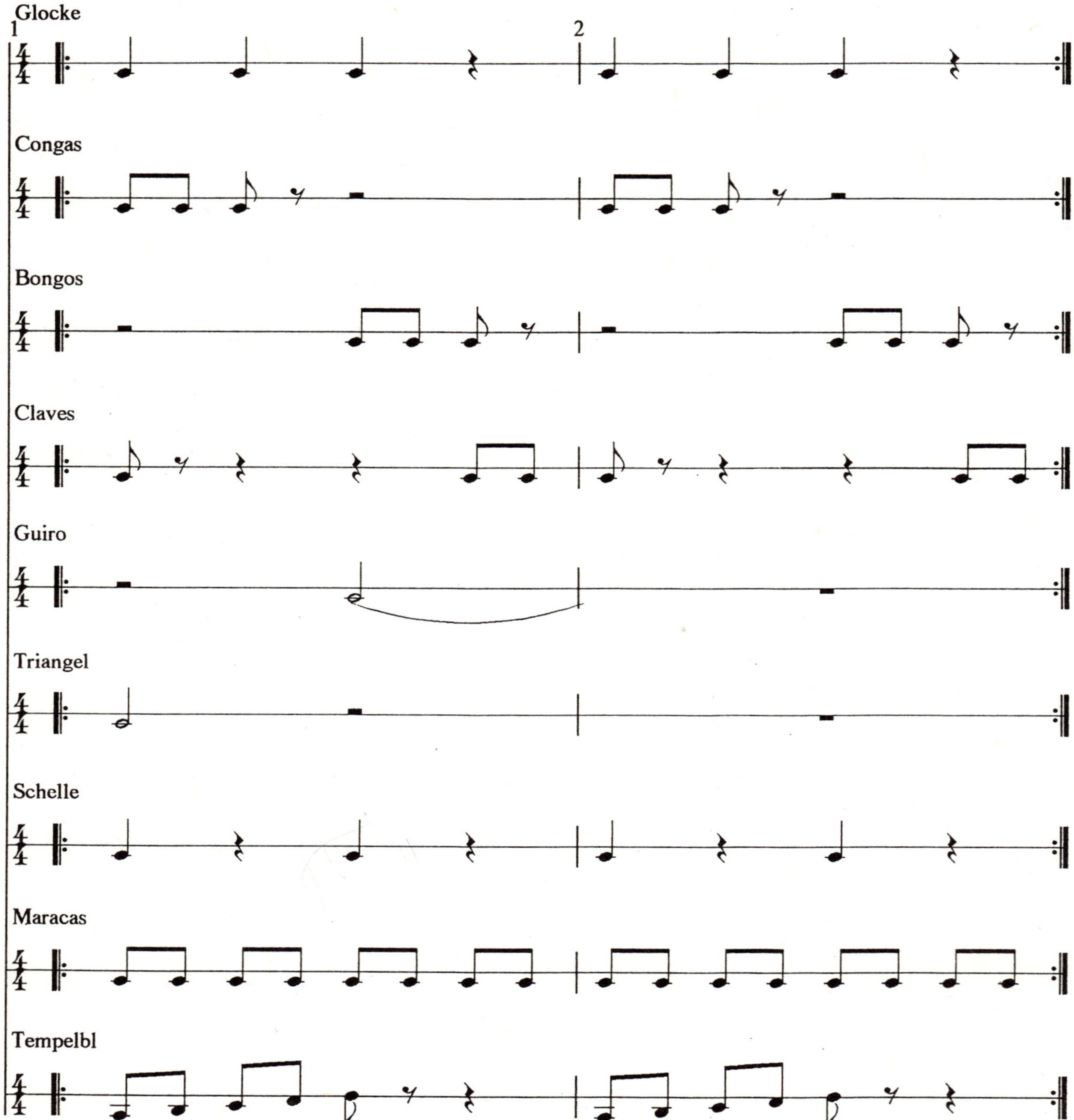

Sie haben nun eine „rhythmusfeste" Klasse / Musik-AG !
Nun benötigen Sie praxisnahe Spielmusiken. Hier sind sie:

Moderne Tanzformen

für Melodieinstrument, Stabspiel und Schlagwerk.
(Foxtrott / English Waltz / Slow Fox / Cha-Cha-Cha /
Mambo / Rumba / Samba / Boogie Woogie).
Sätze (sehr leicht) von **Albrecht Rosenstengel**
eres–Kaleidoskop 60

Sieben Spielmusiken

für Gruppen mit wenig Spielerfahrung. Einfache Sätze zu eingängigen Melodien:
Hava nagila (Israel) / Orientalischer Marsch /
Ungarische Marschweise / Hiaderia (Schweden) / Menuett von Joh.Seb.Bach /
Eröffnung / Vergnügsamkeit (Leopold Mozart).
Sätze von **Günter Seggermann**
eres–Kaleidoskop 11

Stabspiel–Pyramide 1 & 2

Wie schon der Titel sagt, wurden hier Pyramiden für das Orff-Instrumentarium komponiert.
Beide Pyramiden sind im Blues-Schema geschrieben und jeweils 12 Takte lang.
Stimme um Stimme steigt ein, bis alle 16 erklingen.
Es gibt eine große Anzahl Möglichkeiten der Spielausführung.
Es sei hier extra betont: Die Stücke sind nicht schwer. Es können diatonische
oder chromatische Instrumente eingesetzt werden.
Kompositionen von **Elisabeth Amandi**
eres-Kaleidoskop 62

Fiesta Brazil

Eine Sammlung von lateinamerikanisch beeinflussten Originalkompositionen
in sehr leichter Ausführbarkeit für Flöte, Gitarre, Keyboard, Percussion und Stabspiele.
Die Rhythmusbausteine sind einfach und sparsam eingesetzt und machen
das Heft damit besonders praxisfreundlich.
Bonito / Fiesta / Brazil / Sombrero - Cachimbo / Tapakos /
Tipu / Aloa / Apia / Calypso / Baio / Auca / Flores / Little Island /
Apure / Arauca / Xingu / Tonga / Pago pago.
Kompositionen von **Roland Leibold**
eres–Kaleidoskop 79

Eine Auswahl aus dem reichhaltigen Programm für Stabspielmusiken bei Eres....
.... vom einfachsten Satz bis zur Orff–Bigband

Unterrichtspraxis Musik
Unterrichtseinheiten, Anregungen und Inhalte für den Musikunterricht
Herausgegeben von Wilhelm Torkel

Filmmusik im Unterricht
Unterrichtspraxis für die Sek I von Martin Schreiber & Wilhelm Torkel
Die im Unterrichtsbeispiel behandelte Filmmusik stammt aus dem Western-Film „For A Few Dollars More“, ein relativ brutaler Film, von denen die SchülerInnen leider zu viele sehen oder deren Handlungsweise sie oft, wenn auch gemildert, unreflektiert internalisieren. Ein Film mit einer Musik, die das Plakative und Schablonenhafte unterstützt und damit zu einem Faktor für Entsensibilisierung wird. Eine Musik, die die Verhaltensweisen von Western-Heroen in Richtung der Verbindung von Männlichkeit, Macht und Stärke unterstützt.
Die Darstellung der Vertonung eines Films soll grundsätzliche Möglichkeiten der Umsetzung demonstrieren und steht in einem, was die Funktion von Filmmusik betrifft, inneren Zusammenhang zu der analytisch behandelten Filmmusik. Das Beispiel soll bei der Durchührung den Blick und das Ohr öffnen für die unterstützende Funktion von Musik im Film. Hierdurch ergibt sich die Chance für SchülerInnen zukünftig Filme in Verbindung mit Musik aus einer gewissen Distanz heraus für sich selbst zu beurteilen.

(Umfang 30 Seiten DIN A 4) eres 2552

Original und Bearbeitung
Unterrichtspraxis für die Sek I von Winfried Noack
Original und Bearbeitung, das ist nicht nur ein Thema, um den Musikunterricht aufzulockern; es schließt auch Erkenntnisse der Kommunikationsforschung mit ein. Tatsache ist, daß Schüler und Schülerinnen und in vielerlei Hinsicht auch MusiklehrerInnen Schwierigkeiten haben, ein Musikstück mit Sprache zu beschreiben, wiederzugeben, zu interpretieren usw.. Sprache, Denken, Wirklichkeit – dieser gordische Knoten kommunikativer Zusammenhänge ist mit einem Schwerthieb nicht zu lösen.
Die Unterrichtseinheiten entstammen sämtlich der Praxis, wurden für sie entwickelt und im Unterricht erprobt. Darüber hinaus stehen neben (fast) allen fertigen Stundenentwürfen reine Analysen und Hinweise auf Materialien und weiterführtende Beispiele.
Das Heft enthält neben den Unterrichtseinheiten eine Discografie, ein Literaturverzeichnis und Hinweise auf weiterführende Literatur.

(Umfang 52 Seiten DIN A 4) eres 2553

Teacher's Blues – Blues im Unterricht
Unterrichtspraxis für die Sek I von Beate Schulte & Wilhelm Torkel
Viele Kollegen haben dieses Heft schon als direkt umsetzbares Konzept schätzen gelernt, zumal ergänzend eine MC mit didaktischen und historischen Musikbeispielen erschienen ist. In vertretbarer Art wird Wissenschaftliches ausgeklammert (dazu gibt es zahlreiche Beiträge), dafür wurde hier ein überaus wertvoller methodischer Weg aufgezeigt.
„Entweder du hast den Blues, oder du hast ihn nicht!“ - das ist ein oft gehörter, netter Ausspruch, aber der hilft nun wirklich nicht weiter.
Mit diesem unterrichtspraktischen Heft werden Sie erfolgreich arbeiten können.

(Umfang 48 Seiten DIN A 4) eres 2555
MusiCassette dazu eres-MC 12

ERES EDITION, LILIENTHAL/BREMEN, POSTFACH 1220